Cornelia Ziegler

Jule in der Schule

Mit Bildern von Sabine Kranz

Natürlich gibt es Außerirdische,
da ist sich Paul ganz sicher.
Lebewesen, die anders sind
als die Menschen auf der Erde.
Für Paul ist ganz klar,
dass diese Lebewesen
grün sind.

Und funkelnde Augen haben.
Selbstverständlich haben sie
auch Antennen auf dem Kopf.
Das findet Paul logisch.
Wie sonst sollten sie sich
unterhalten und verstehen?
Paul liegt im Bett
und versucht einzuschlafen.
Er stellt sich
die grünen
Antennenmännchen
vor.

‚Ob sie wohl
überirdische Kräfte haben?
Wenn ja,
dann könnten sie ihm
beim nächsten Diktat helfen',
spinnt Paul rum.
Das würde er sich wünschen.
Ob Paul wohl mal
ein Antennenmännchen
kennen lernen wird?
Und – welche Sprache sprechen
die Außerirdischen überhaupt?
Über diesen schwierigen Gedanken
schläft Paul schließlich ein.

„Also, das ist Jule Uranus."
Die Lehrerin, Frau Vogel,
stellt der Klasse am nächsten Tag
die neue Mitschülerin vor.

„Ihr Vater arbeitet jetzt in Köln,
darum kommt Jule
mitten im Schuljahr zu uns.“

Paul mustert Jule kritisch.
Jule trägt ein giftgrünes Kleid
mit lila Punkten
und dazu knallgelbe Strumpfhosen.

Die sind so gelb wie Jules Haare.
‚Gelb wie Zitronen', denkt Paul.

„Da ist noch frei."
Frau Vogel zeigt
auf den leeren Platz neben Paul.
„Hey!"
Jule hält Paul die Hand hin.
„Hallo", begrüßt Paul Jule.
„Meine Haare sind sonnengelb,
nicht zitronengelb!"
Jule will das richtig stellen.
„Hä? Woher weißt du …
ich hab doch gar nichts gesagt",
stammelt Paul.
Er kann nicht weiterreden,
denn Frau Vogel guckt genau
in seine Richtung.

Jule weiß eine Menge über Paul.
Jule kommt nämlich
direkt vom Uranus.
‚Wenn Paul wüsste,
dass ich eine Außerirdische bin …
hihihi …'
Jule grinst.

Denn das ist nicht
ihr einziges Geheimnis!
Die Uranierin hat nämlich
eine ganz besondere Fähigkeit.
Sie kann Gedanken lesen,
wie übrigens alle Uranier.
Daher weiß sie genau,
dass Paul sich die Außerirdischen
völlig falsch vorstellt.

‚Grüne Antennenmännchen!'
Jule schüttelt den Kopf.
Und weil Paul sich die Hilfe
von Außerirdischen wünschte,
hatte sie schnell
einen Plan geschmiedet.
Dazu drehte sie sich
dreimal um sich selbst,
stampfte mit dem linken Fuß auf
und schon war sie in Pauls Schule.

„Nächsten Donnerstag
schreiben wir ein Diktat“,
sagt Frau Vogel jetzt.
Die ganze Klasse stöhnt.
‚Oh nein‘, denkt Paul.
Er hat es geahnt.
„Nicht schon wieder“,
ruft Max.

Die Diktate von
Frau Vogel
haben es in sich.
Sie sind sehr schwer.

„Bereitet euch gut darauf vor“,
räte Frau Vogel.
Paul wundert sich.
Ihm ist so,
als blicke Frau Vogel
genau in seine Richtung.
Oder bildet er sich das nur ein?
‚Du irrst dich nicht‘,
antwortet Jule Paul in Gedanken.
‚Frau Vogel will, dass du übst.‘

Paul hat immer Probleme
mit Diktaten.
Denn er hat einfach keine Lust,
dafür was zu tun.
‚Kann ich sowieso nicht',
ist Pauls Einstellung.
Und damit ist für ihn
das Thema erledigt.
Trotzdem möchte Frau Vogel,
dass Paul sich mehr Mühe gibt.
Denn dann wären seine Diktate
bestimmt besser.

Paul wird ganz flau im Magen,
wenn er an Donnerstag denkt.
Jule stößt Paul an.
„Mach dir keine Sorgen
wegen des Diktats.“
Das versteht Paul nicht.
„Erklär ich dir später“,
flüstert Jule.

Da meldet sich Selina.
Selina schreibt in Diktaten
immer nur Einser.
„Ja, Selina?“, fragt Frau Vogel.
„Super, Frau Vogel“, sagt Selina.
„Ich übe jeden Tag zu Hause.“
Frau Vogel nickt Selina zu
und blickt in die Klasse.
„Das sollten die anderen
auch so machen, Selina.“
‚Das ist ja wieder typisch!
Diese Streberin!‘, denkt Paul.
‚Immer schmeichelt sie sich
bei Frau Vogel ein.‘
Jule weiß,
dass Selina bei ihren Mitschülern
nicht sehr beliebt ist.
Schon oft hat sie andere

bei den Lehrern verpetzt.
Klar, dass dann niemand
was mit ihr zu tun haben will.

„Also, was sollte das
mit dem Diktat?“
Paul schlendert neben Jule
über den Schulhof.

Es ist große Pause.
„Ich weiß, welches Diktat
Frau Vogel nächste Woche
schreiben will“,
erklärt Jule.

Gestern Nachmittag hatte Frau Vogel
an ihrem Schreibtisch gesessen
und sich einen Diktattext überlegt.
Und diesen Text
hatte Jule sich gemerkt
und auf ein Stück Papier
geschrieben.

Übrigens handelte
der Text vom Zoo,
aber das nur am Rande …

Paul mustert Jule von der Seite
und zuckt mit den Schultern.
„Das kannst du
dem Weihnachtsmann erzählen“,
sagt Paul.
Verschaukeln lässt er sich nicht.
Schon gar nicht
von irgendwelchen Mädchen!
„Doch, ehrlich.“
Jule bleibt stur.
„Ich kann doch Gedanken lesen.
Also kenne ich auch das Diktat.“

Das versteht Paul nicht.
„Na, alle Uranier können das.“
Jetzt versteht Paul
nur noch Bahnhof.
„Du kommst aus Uranus?

Das muss
in Süddeutschland liegen“,
überlegt Paul laut,
„irgendwo in den Bergen …“
Jule kichert.
„Der weiß nicht,
wo der Uranus liegt,
hihihi!“

Jetzt ist Paul beleidigt.
„Ich lass mich nicht auslachen,
blöde Ziege!“

„Du weißt wirklich nicht,
wo der Uranus liegt?“
Paul schüttelt den Kopf.
Jule stemmt die Hände
in die Hüften
und baut sich vor Paul auf.
„Der Uranus liegt im Weltall.
Er ist ein Planet wie …
wie …“, jetzt stockt Jule.
„Wie die Erde?“, fragt Paul.
„Genau!“

„Aber wenn du wirklich
von einem fremden Planeten
kommst,
dann bist du eine Außerirdische."
Paul mustert Jule von oben
bis unten und wieder zurück.
„Hahaha."
Paul zeigt mit dem Finger auf Jule.
„Das kann ja jeder erzählen!
Außerirdische sehen doch
ganz anders aus."

Jule wird sauer.
„Ach ja? Du kennst doch gar keine!“
„Doch!“,
antwortet Paul beleidigt.
„Das ist gelogen!“
„Ist es nicht!“
Jule bleibt stur:
„Du denkst,
wir haben Antennen auf dem Kopf
und sind grün.
Und haben funkelnde Augen.“

„Genau“, sagt Paul und wundert sich.
„Woher weißt du das?“
„Weil ich GEDANKEN LESEN kann!
Hab ich dir doch GESAGT!“
Paul verdreht die Augen.
„Jaja. Das möchte jeder können!“
„Ich kann’s!
Und drum kann ich dir auch
bei dem Diktat helfen.“
Da läutet die Schulglocke.
Die dritte Stunde beginnt.

Auf dem Nachhauseweg
redet Jule auf Paul ein.
„Lass mich nur machen.
Ich habe einen tollen Plan."
Paul weiß immer noch nicht,
was er von der Sache halten soll.
„Nur – die Sache ist nicht
ganz ungefährlich.
Du musst mir etwas
hoch und heilig versprechen."
Jule blickt Paul ganz ernst an.
„Was denn?"
„Verrate niemandem,
woher ich komme
und was ich kann."
„Ja, aber …"
„Nein, ich meine es ernst."

NEU

Jules Augen funkeln.

Erst grün, dann gelb,
dann feuerrot.

Paul wird mulmig zu Mute.
Solche durchdringenden Augen
hat er noch nie gesehen.
„Du darfst niemandem etwas sagen.
Wenn jemand außer dir
etwas erfährt,
muss ich auf der Stelle
zurück zum Uranus.
Und dann kann ich nie mehr
Gedanken lesen.“
„Mmmh …“, murmelt Paul.
‚Ob Jule Recht hat?

Vielleicht ist sie
ja doch eine Außerirdische.
Bei dem Blick!'
Weil Paul neugierig ist,
hebt er zum Schwur
zwei Finger und sagt:
„Na gut, versprochen."
Und auf Paul ist Verlass.
Denn versprochen
heißt bei Paul versprochen.

Am nächsten Tag trommeln
Jule und Paul
die ganze Klasse zusammen.
„Wartet einen Moment,
wir müssen euch was sagen.“
Schnell bildet sich um Jule und Paul
ein großer Kreis.
„Also“, beginnt Jule,
„wir haben das Diktat
für Donnerstag.“
Zunächst sagt niemand ein Wort.
Dann reden alle gleichzeitig.
„Unser Diktat?“
„Woher habt ihr das?“

„Ist das etwa geklaut?“
Paul bleibt die Antwort schuldig
und wird dafür puterrot.
Jule hebt die Hände.
„Pssst! Seid doch ein wenig leiser.
Woher wir das Diktat haben,
wird nicht verraten.
Aber es ist nicht geklaut.
Ehrenwort.
Wir kopieren im Schreibwarenladen
das Diktat für jeden.
Und das könnt ihr dann
zu Hause üben.“
„Au fein!“
„Super Idee!“

Während die anderen
vor dem Laden warten,
macht Paul Kopien.
Wenig später kommt er
mit dem Packen Papier
wieder heraus.
Jeder bekommt ein Exemplar.
„Im Zoo“, liest Max laut vor.
„Haha, es handelt vom Zoo!“
Lisa liest schnell den Text.
„Da sind schwierige Wörter drin
wie Affe, Nilpferd, Elefant.
Die können wir jetzt üben.“

Die anderen stimmen Lisa zu.
Nur eine will das nicht.
Selina!
„Das könnt ihr nicht machen“,
sagt sie.
„Wenn das Frau Vogel rauskriegt.“
„Wenn keiner petzt,
dann erfährt sie auch nichts“,
gibt Paul zurück.
„Du bist eine olle Spielverderberin“,
faucht Max.
„Komm, alle machen mit!“
Jule versucht Selina umzustimmen.
„Außerdem“, fügt Max hinzu,
„ist es gar nicht geschummelt.
Denn schließlich üben wir ja
das Diktat zu Hause.
Und das sooft wir wollen.“

„Trotzdem find ich das nicht gut.
Ich will das Diktat nicht sehen."

Dass Selina so stur bleibt,
macht Paul Sorgen.
Denn wenn Jule wirklich
das richtige Diktat hat,
dann müssen sie alle
zusammenhalten.

Niemand darf die Wahrheit erfahren,
sonst muss Jule wieder zurück.
Und wenn Selina petzte,
dann würden sie sicherlich
fürchterlich bestraft werden.
Bei dem Gedanken wird es Paul
angst und bange.

Selina muss einfach mitmachen!
Paul läuft aufgeregt hin und her.
Ihm geht noch etwas durch den Kopf.
Was, wenn Jule doch nicht
das richtige Diktat hat?

Laut sagt er:
„Garantien geben wir keine.
Vielleicht kommt auch
ein anderes Diktat dran.“

Max staunt.
„Wieso?
Bist du dir gar nicht sicher?“
„Doch“, antwortet Jule schnell,
„ganz sicher.“

Hörbar lässt Max die Luft
aus der Nase.
„Aber man kann ja nie wissen.“
Diese letzte Bemerkung kann Paul
sich einfach
nicht verkneifen.

Am Donnerstag sind alle aufgeregt.
Wenn Paul ehrlich ist,
wünscht er sich,
dass Jule Recht hat.
Jule weiß das natürlich.
Doch zunächst muss sich Jule
um Selina kümmern.
Selina ist entschlossen.
Sie ist Richtung Lehrerzimmer
unterwegs.
„Wo willst du hin?“, ruft Jule.
„Halt, stehen bleiben!“

Jule rennt hinter Selina her.
Doch diese reagiert nicht.
„STOPP!“
Selina dreht sich um.
„Was gibt’s?“
„Wo willst du hin?“, zischt Jule.
„Aufs Klo“, säuselt Selina.
„Soso, aufs Klo. Das ist gelogen“,
sagt Jule.

„Jetzt spinnst du aber“,
gibt Selina zurück.
„Ich warne dich, Selina“,
zischt Jule.
„Wenn du auch nur ein Wort
zu Frau Vogel sagst,
dann sprechen wir nie mehr
mit dir …“

Dabei verändern sich
Jules Augen ganz merkwürdig.
Zuerst werden sie leuchtend grün
und dann funkeln sie
gelb und feuerrot.
Selina ist das ganz unheimlich.
Sie bekommt es mit der Angst zu tun.
Mit Jule will sie es sich
lieber nicht verscherzen.
„Selina! Jule! Was macht ihr hier?“
Frau Vogel kommt
aus dem Lehrerzimmer.
„Kommt mit,
wir fangen jetzt an.“

LEHRER

„So.“
Frau Vogel verteilt die Hefte.
„Das Diktat heißt ‚Im Zoo‘.“
Selinas Hand schnellt nach oben.
„Was gibt’s?“
Frau Vogel blickt über ihre Brille.
„Ich … äh, ich …“,
stammelt Selina.
Jule, die vor Selina sitzt,
dreht sich um
und blickt direkt in Selinas Augen.
Selina läuft ein Schauer
über den Rücken.
„Ich … äh,
ich wollte nur fragen,
ob ich mir ein Taschentuch
aus meiner Schultasche
nehmen darf?“

„Sicher“, antwortet Frau Vogel.
„Aber sei leise.
Wir müssen uns konzentrieren.“
Selina schluckt.
Aber zum Petzen hat sie jetzt
wirklich keine Lust mehr.

Als Frau Vogel ein paar Tage später
das Diktat zurückgibt,
schüttelt sie den Kopf.
„Merkwürdig, merkwürdig.
So etwas habe ich noch nie erlebt.
Es gibt diesmal einen Einser
und sonst nur Zweier.

Außer Selina hat keiner null Fehler,
aber mehr als zwei Fehler
hat auch niemand.“
„Cool!“
„Super!“
„Das ist ja klasse!“
Alle rufen durcheinander.

„Schhht. Seid doch mal leise!
Wisst ihr, was das Komischste ist?
Außer Selina haben alle
das Wort ‚Zoo'
falsch geschrieben.
Nämlich ‚Zoh' – mit ‚h'."

Heimlich nimmt Jule
ihren Zettel aus der Tasche.
Und richtig.
Da steht „Zoh“. Mit „h“.
So etwas kann nur
einer Uranierin passieren …

„Ich fürchte, wir müssen
die Wörter mit Doppel-O
noch gründlich üben“,
sagt Frau Vogel
und gibt die Hefte zurück.
Sie lächelt und
zwinkert mit den Augen.

„Aber ich freue mich
über meine gute Klasse!
Und über dich auch, Paul.
Mach weiter so."
Paul strahlt Jule an.
Jule strahlt zurück.
Ihre Freundschaft ist besiegelt.

Als Paul an diesem Abend
im Bett liegt, grinst er.
Sein Wunsch ist in Erfüllung
gegangen.
Er hat eine Außerirdische
kennen gelernt.

Eine, die Gedanken lesen kann
und ihm beim Diktat
zu einer Zwei verholfen hat!
Paul ist sich sicher,
dass er mit Jule
noch viele Abenteuer erleben wird.